Vom Herz, das zu schnell rannte

Laura Sophie Glas

BookLeaf
Publishing

India | USA | UK

Presentation by *BookLeaf Publishing*

Web: www.bookleafpub.com

E-mail: info@bookleafpub.com

ISBN : 9789357448680

First edition 2021

DEDICATION

Gewidmet all denen, die weitermachen...

... obwohl die Schmerzen dröhnen.

... obwohl die Symptome noch schlimmer sind als gestern.

... obwohl ihnen nicht geglaubt wird.

... obwohl sie keine Tränen mehr haben.

... weil Aufgeben keine Option ist.

Tag für Tag.

ACKNOWLEDGEMENT

Vielen Dank an Anna, die jeden dieser Texte auseinandergenommen und auf Kommata und Buchstabendreher überprüft hat. Danke für alle deine Korrekturen, Nachfragen und die Einblicke aus der Perspektive der besten Freundin einer chronisch kranken Person. Ohne deine Bereitschaft, unseren Telegram-Chat immer wieder von poetischen Ausflüssen unterbrochen zu sehen und mir emotional beizustehen, hätte ich nicht durchgehalten!

Danke an meiner Mutter, die mich nicht sofort verrückt erklärt hat, als die Idee zu diesem Projekt aufkam, obwohl sie eigentlich die Pessimistischere (Du würdest mich bestimmt verbessern wollen: Die Realistischere) von uns beiden ist. Ein Buch in drei Wochen? - Warum nicht! Danke für das Geheimhalten, sodass ich nun meine restliche Familie mit diesem Buch überraschen kann.

PREFACE

Liebe POTSies, Chronic Fighters,
liebe Familien und Freunde,

dieses Buch erzählt vom Alltag mit chronischen Erkrankungen und Behinderungen, besonders aber vom Leben mit POTS. Einer in Deutschland noch recht unbekannte Form von Dysautonomie, also einer Erkrankung des vegetativen, auch autonomen, Nervensystems. Dieses steuert viele unterbewusste Prozesse des Körpers und so kann auch eine Vielzahl von ganz unterschiedlichen Symptomen auftreten. Einige davon werden in Gedichten dieses Buches behandelt. Andere Texte zeichnen Alltagssituationen nach, die wir oft erleben.

Dysautonomien sind in den meisten Fällen unsichtbare Erkrankungen. Dies führt dazu, dass erkrankte Personen häufig mit Ableismus konfrontiert sind. Die Gesellschaft, in der wir leben, hat noch einen weiten Weg vor sich. Aber dass Ihr dieses Buch in den Händen haltet, ist schon ein kleiner Schritt in die richtige Richtung. Vielleicht hat eine liebe Person in Eurem Umfeld eine Erkrankung. Vielleicht seid Ihr selbst betroffen und fühlt Euch allein.

Vielleicht seid Ihr einfach interessiert. Danke Euch!

Ich schreibe, seitdem ich 17 Jahre alt bin. Über meinen Alltag als chronisch kranke und behinderte junge Frau aber habe ich selten geschrieben. Das ändert sich mit diesem Buch, für das ich so viele Themenideen gehabt hätte, um noch ein zweites Buch zu füllen.
Jede Geschichte ist unterschiedlich. Jede*r von uns hat eine eigene Symptomkombination. Dasselbe Symptom kann bei zwei Personen völlig unterschiedlich auftauchen. Deshalb sind diese Gedichte natürlich nicht allein-selig-machend. Fühlt Euch herzlich eingeladen, neben den Gedichten Eure eigenen Erfahrungen aufzuschreiben, die Gedichte für Euch zu vervollständigen und so Euren Freunden und Eurer Familie einen besseren Einblick in Euer Leben zu bieten.

Ich hoffe, das Buch vom Herzen, das zu schnell rannte, kann einen winzig kleinen Beitrag leisten, das Stigma chronischer Erkrankungen und Behinderungen verblassen zu lassen und Berührungsängste abzubauen.

Laura Sophie Glas

Hamburg, 21. Oktober 2021

Tachykardie

Immer schneller
immer stärker
Immer lauter
immer dumpfer

Es ist, als hätten Rippen Dornen
und schnitten sich ins eigene Herz,
Es ist, als wären Rippen Seile
und strangulierten sich vor Schmerz.

Es ist, als wären es Gefangene,
auf der Flucht vor dem unbekannten Bösen.
Es ist, als wäre es der einzige Weg,
sich davon zu erlösen

Es ist, als wäre es ein Käfig,
der weinend seine Pflicht verrichtet.
was in ihm ist, nicht rauszulassen,
sich dabei selbst zugrunde richtet.

Es ist, als wäre es ein Beben,
das unaufhaltsam überrollt.
Es ist, als trample es alles nieder,
was sich ihm entgegenstellt.

Es ist, als schnüre sich die Lunge
selbst die Luft zum Atmen ab
Und als flüchtete das Herze
vor sich selbst bei jedem Schlag.

Temperatur

Sobald es mehr als 20 Grad
draußen in der Sonne hat,
lauf ich mit Kühlpad rum.

Und steh ich länger in der Hitze,
weil ich mich nicht rechtzeitig setze,
kipp ich einfach um.

Ein Sommer ohne Wasserflasche
aus dem Kühlschrank in der Tasche -
nicht mehr vorstellbar.

Mein Körper kann sich nicht selbst kühlen,
nimmt Wärme auf, bis Schmerzen brüllen,
so helfe ich ihm nach.

Sobald es etwas frischer ist,
und Kälte sich mein Bein hochfrisst,
klappern mir die Zähne.

Überzieht es mich wie Schleifpapier,
ich merke kaum, wie sehr ich frier´,
nur, dass ich Leben sehne.

Mit Wärmflasche und Heating-Pad

lieg ich dann in meinem Bett,
und unter tausend Decken.

Mein Körper kann sich nicht selbst wärmen,
braucht dafür Kissen von heißen Kernen,
die ihn vom Schlaf erwecken.

So bleibe ich stets wohl ein Reptil,
das nie bekommt, was es grad´ will.

Karussell

Der Jahrmarkt kam und machte Halt
in meiner kleinen Stadt,
der Rummel, der ein Riesenrad
und viele Stände hat.

Und überall da blinken Lichter
bunt und hell und ohne Ruh´.
Gerüche füllen meine Nase.
Ich schau dem Treiben zu.

Und jedes Mal, wenn ich aufsteh´,
steig ich ein ins Karussell.
Kaum bin ich drin, beginnt es schon
und beschleunigt rummelschnell

bis alles verschwimmt vor meinen Augen
und bunte Streifen zieht.
Das Karussell wird immer schneller
zum Takt vom heit´ren Lied.

Ganz schwarz wird mir vor Augen
und flau vom Wind der Fahrt,
seh´ nichts mehr von dem Jahrmarkt,
der so viele Lichter hat.

Nur wie durch Watte nehm ich wahr,
was sie in den Buden schrei´n.
Die Fliehkraft zerrt und zieht an mir,
möchte mich befrei´n

von der ewigen Reise im Kreis herum.
verkrampft halt ich mich fest,
weil dieses Karussell, der Kampf,
nun mal mein Schicksal ist.

Und wird das Karussell zu schnell,
so treibt es mich heraus
in umhüllende, wärmende Schwärze
und dann wach´ ich auf.

Die Welt, sie ist der Jahrmarkt,
der immer blinkt und kreist.
Die Fliehkraft dieses Karussells,
was mich zu Boden reißt.

Dort wach ich täglich mehrmals auf,
recht schummrig und allein,
kauf mir ´ne große Zuckerwatte
und reih´ mich wieder ein.

Kopfschmerz

Wenn am Morgen schon der Kopf dröhnt und irgendwer beschlossenen hat, mit einem Presslufthammer deine Augenhöhle zu vergrößern, dann kann der Tag ja nur noch besser werden.
Spoiler alert: Wird er oftmals nicht, aber die Hoffnung stirbt ja bekanntlich zuletzt. Zuletzt um elf Uhr abends, immer noch mit dröhnendem Kopf, aber mit einem weiteren Tag, den man unzufrieden in die Nachttischschublade steckt.

Das rhythmische Pochen, das morgens mit dem ersten bewussten Gedanken einsetzt, wird zum Grundbeat des Tages. Egal was du vorhast, alles muss sich dem Taktschlag unterordnen. Und manchmal bedeutet das eben, den ganzen Tag mit einem Kühlpad herumzuliegen - auf Bett, Sofa, Boden, was halt grade so da und einigermaßen gemütlich ist – weil der Pressluftbehämmerte sein Drum-solo ausleben muss.

Andere Male helfen weiße Pillen, legen sich wie Stoßdämpfer über die ganze Szenerie und erlauben eine wenigstens einigermaßen produktive Phase. Ein leichtes Zirpen der Schläfe erinnert daran, dass da eigentlich noch jemand mitreden wollte bei der Tagesplanung und die Ummantelung langsam transparenter wird. Mahnen, dass die weißen Pillen keineswegs eine Lösung, sondern nur Aufschub und Verschlimmbesserung der Gesamtsituation sind. Wer hier nicht sofort reagiert und die Pläne auf die Seitenbühne des Lebens verbannt, wird die Konsequenzen schon bald unüberfühlbar spüren müssen.

Wenn am Abend der Kopf dröhnt, weil irgendwer beschlossen hat, zu warten bis das Pochen alle Versuche zu Denken übertönt, dann kann der Tag nicht mehr besser werden und es bleibt nur: Abschließen, abheften und in die Nachttischschublade stecken. Dann kann die Nacht ja nur besser werden – die Hoffnung schreit bekanntlich am lautesten.

Bist du schwanger?!

Und irgendwann wurde aus dem Ziehen im
Bauch eben mehr…

Mehr geblähter Magen.
Mehr Sorgen.
Mehr tastbare, sichtbare Darmschlingungen.
Mehr heiße Kirchkernkissen.
Mehr Schmerzen.
Mehr Übelkeit.
Mehr Krämpfe.
Mehr Dinge, die nicht mehr gegessen werden.
Mehr Dinge, die mit Absicht gegessen werden.
Mehr Vorher-Nachher-Bilder.
Mehr „Sag mal, wessen Wassermelone trägst du
denn aus?!“
Mehr „Ich habe keinen Appetit!“
Mehr „Warum musste ich auch so viel Kuchen
essen!“
Mehr „Du hast aber zugelegt!“
Mehr „Du hast ganz schön abgenommen!“
Mehr Leggings.
Mehr Schmerzattacken.
Mehr Medikamente.
Mehr Sorgen.

Mehr Symptome.

Weil meine Verdauung nicht mehr versteht, was ihr Job ist.

Chronische Schmerzen

Ich mach die Augen auf und trau ihnen nicht –
es ist 3 Uhr in der Nacht.
Wer oder was die Dreistigkeit besitzt, mich zu
dieser hirnrissigen Zeit aufzuwecken, kann mich
mal sowas von! Und mit einem Schlag bin ich
wach, denn es gibt einen Grund. Und der bist du.
Du Schmerzerkennungsdienst mit übereifrigen
Mitarbeitenden. Du Warnsystem ohne
Schließzeiten.

Ich kann mich nicht mehr erinnern, wann ich das
letzte Mal ohne Ablenkung eingeschlafen bin.
Es ist Jahre her. Denn wenn ich mich ins Bett
lege, das Licht lösche und das Hörgerät
ausschalte, wenn die Außenreize auf ein
Minimum reduziert sind, dann bin ich mit dir
alleine. Und dann muss ich mich mit dir
beschäftigen und spüre, wie sehr du meinen
Körper einnimmst. Spüre, was mir alles weh tut,
weil du meinst, da wäre irgendetwas wichtiges.

Ich schätze dein Engagement, wirklich! Aber meinst du nicht auch, du hättest mal eine Pause verdient? Du kannst doch nicht durcharbeiten?! Auf was für Steroide setzt du bitte deine Mitarbeitenden?! Die sind doch gar nicht mehr zurechnungsfähig! Und so ein Aufmerksamkeitsbedürfnis! Hatten wir nicht vor kurzem nochmal betont, dass Notfälle nur dann welche sind, wenn unmittelbare Lebensgefahr von ihnen ausgeht! Sorg gefälligst dafür, dass ich schlafen kann!

Ich öffne meine Augen und rolle sie genervt – es ist 4 Uhr in der Nacht.
Der Nachtschicht scheint langweilig geworden zu sein…

Kein Inspiration Porn

„Wow, du bist so stark!"
„Ich bewundere dich dafür, dass du durchhältst!"

Leute, die mir nahestehen,
die mit mir durch mein Leben gehen,
meinen Real Shit wirklich sehen,
die dürfen sowas sagen.

Doch du, die du mich anstarrst
und dich in mein Durchhalten vernarrst,
noch nie mit mir am Boden warst,
Du hast kein Recht dazu.

Du darfst mich nicht erstaunt begaffen,
wie einen kleinen Zirkusaffen:
„Also ich würde das ja niemals schaffen."
Ich hab doch keine Wahl.

Du bist ganz ehrlich nicht zu heilen,
dich an meinem Leben aufzugeilen.
Doch ich weiß, du wirst es niemals peilen:
Ich bin kein Inspiration Porn.

Ich bin nicht da, um dich zu retten,
aus deinen eisernen und fetten
selbstgewählten Faulheitsketten.
Motivier´ dich anderswo!

Lass die Leute friedlich leben,
jeden Tag ihr Besten geben,
ohne ihnen nachzustreben.
Ist das zu viel verlangt?

Gute Tage

Heute bin ich aufgewacht,
nach erholsamer Nacht
und habe alles mitgemacht,
mit Freunden gelacht,
nicht ständig nur mein Bett bewacht.

Doch das wird mir morgen zum Verhängnis,
wenn meine Brust eng ist
und mein Bett mein Gefängnis,
mein Körper mit mir streng ist,
weil nicht jeder Tag so ein Geschenk ist.

Immer Freude auf Eierschalen,
immer einen Fluchtplan malen.
Für Schönes muss ich oft bezahlen.
Doch ertrag ich diese Qualen,
weil diese Momente sie überstrahlen.

Nachts...

Unaussprechlich, weil ich nicht sprechen kann…
Und dann ist da Stille, schreiende Stille,
während ich schreie. Doch es kommt nichts
heraus.
Morgen habe ich dunkle Augenringe und wenn
du mich fragst: „Mir geht's blendend!"
Stehende Zeit. Sekunden vergehen nicht. Dann
rast die Zeit. Und ich sehe, wie lange schon und
kriege mit jeder Minute mehr Panik. Ich bete,
dass es endlich aufhört, mich endlich in einen
tiefen Schlaf abdriften lässt. Ich bete, dass der
Schmerz endlich aufhört und bin doch jeden
Morgen froh, mich noch zu spüren.

Reiß dich zusammen

„Reiß dich zusammen.", sagt das Gewissen zum Herzen, das seit Minuten nur noch panisch zuckt, um Blut zum Hirn zu drücken.
„Reiß dich zusammen!", sagt das Gewissen zur Lunge, die röchelnd versucht den Körper mit Sauerstoff zu versorgen, nachdem dieser sich angestrengt hat.
„Reiß dich zusammen!", sagt das Gewissen zu der Hand, die zitternd versucht den Stift zu halten und weiter mitzuschreiben.
„Reiß dich zusammen!", sagt das Gewissen zum Bein, das keine Steuerung vom Hirn decodieren kann und deshalb wie ein kaltes Stück Fleisch auf dem Boden liegt.
„Reiß dich zusammen!", sagt das Gewissen zum Augenlied, das immer wieder zufällt.

„Reiß dich zusammen!", sagt das Gewissen zu mir, während ich versuche nicht aufzufallen.
„Reiß dich zusammen!", hat die Gesellschaft zu oft gesagt.

„Reiß dich zusammen! Das bildest du dir nur
ein!", versichert mir mein Gewissen. Und ich
sitze heulkrampfgeschüttelt auf meinem Bett,
weil ich mir nicht mal mehr selbst glaube.
„Reiß dich zusammen!", sagt der Arzt. „Deine
Werte sind okay."
„Reiß dich zusammen!", sagt meine Familie.
„Immerhin hast du nicht… und früher ging das
doch!"
„Reiß dich zusammen!", sagt die Gesellschaft.
„Gliedere dich ein!"
„Vielleicht bin ich wirklich nicht krank und
mache das nur für Aufmerksamkeit.", sagt mein
Gewissen und ich schüttle den Kopf.
„Vielleicht bin ich nur empfindlich.", sage ich.

„Reiß dich zusammen!", schreit mein Gewissen,
wenn ich mich auf dem Boden winde vor
Schmerzen…

Ich träume

Ich träum von einer Welt, an der ich teilhaben
kann,
als vollwertiges Mitglied etwas beitragen kann,
als kreativer Kopf Wertschätzung erfahren kann,
wenn´s mir schlecht geht, vom Büro
nachhaus´fahren kann,
drei Wochen auf Reha und acht Wochen krank
sein kann,
die diverse Gesellschaft mitprägen kann,
mit meinen Freunden ins Theater gehen kann,
mit meinem Carbonrahmen angeben kann,
einen erfüllenden Job und Hobbies ausführen
kann,
mit dem, was ich verdiene gut leben kann,
als Frau von nem Arzt ernstgenommen werden
kann,
Menschen auf Augenhöhe begegnen kann,
ohne fragende Blicke eine Familie haben kann.

Doch mir graut vor der Welt, die auf mich
wartet,
weil ich nicht vollwertiges Mitglied bin,
solange der Beitrag an Arbeitsstunden gemessen
wird.
Weil einfach heimfahren keine Option ist

und neun Wochen Krankenstand im Jahr nicht
wirtschaftlich sind.
Weil die Gesellschaft sich Diversität erstreiten
muss und stagniert.
Weil das Theater nicht barrierefrei
und mein Rolli ein Zeichen eines Defizits ist.
Weil ein erfüllender Job unter diesen
Bedingungen kaum findbar ist.
und wenn ich schon Energie habe, ich sie in die
Erfüllung meines Arbeitsvertrages und nicht in
Hobbies stecken sollte.
Weil Augenhöhe Respekt voraussetzen würde.
Und weil die Vorstellung, dass ich eine
Partnerschaft, geschweige denn eine Familie,
haben könne, doch der Gipfel meiner
Selbstüberschätzung ist.

Brain Fog

D-r-ö-h-n-e-n-d-e S-t-i-l-l-e…
G-l-e-i-ß-e-n-d-e D-u-n-k-e-l-h-e-i-t…
N-e-b-e-l-s-c-h-w-a-d-e-n s-c-h-l-ä-n-g-e-l-n
d-u-r-c-h H-i-r-n-f-u-r-c-h-e-n…
Sc-h-l-e-i-c-h-e-n-d-e
N-e-u-r-o-t-r-a-n-s-m-i-t-t-e-r…
W-a-t-t-e-m-a-u-e-r u-m G-e-d-a-n-k-e-n…
S-a-t-z-a-n-f-ä-n-g-e i-r-g-e-n-d-w-o i-m
N-i-c-h-t-s v-e-r-l-o-r-e-n…
K-u-r-z-z-e-i-t-g-e-d-ä-c-h-t-n-i-s l-e-i-s-e
e-r-d-r-ü-c-k-t…
W-i-r-k-l-i-c-h-k-e-i-t v-e-r-s-i-n-k-t i-m
N-e-b-e-l…
B-e-u-n-r-u-h-i-g-e-n-d-e
G-e-b-o-r-g-e-n-h-e-i-t…
V-e-r-s-c-h-l-u-c-k-t-e P-l-ä-n-e -
b-r-a-u-c-h-s-t d-u e-h n-i-c-h-t m-e-h-r…
G-l-e-i-ß-e-n-d-e D-u-n-k-e-l-h-e-i-t…
D-r-ö-h-n-e-n-d-e S-t-i-l-l-e u-n-d l-e-e-r-e
V-ö-l-l-e…

Spoonies

Mit Löffeln wurde noch kein Krieg gewonnen.
Und auch dieser ist ein ungleicher. Denn du
kämpfst mit anderen Waffen.
Du bist das Leben.
Und ich? Ich stehe dir entgegen mit einem
Strauß aus Löffeln.
Unser Krieg, fragst du? Der Alltag.
Dein Ziel? Mich zu fördern und fordern.
Meines? Einfach nur nicht völlig unterzugehen.
Du kämpfst mit Messern und Gabeln.
Mit Löffeln kann man einen Graben ausheben,
sich hineinverkriechen und hoffen, dass du nicht
findest. Passiv bleiben. Aber das will ich nicht.
David gegen Goliath.
Im Wissen, dass in diesem Krieg immer David
verliert, weil das Löffelkatapult zu schwach ist.
Deine Gegenangriffe zu verheerend.
Mit Messern zwischen den Rippen verliere ich
Löffel um Löffel.
Aber Aufgeben ist keine Option.
Selbst wenn Gabeln meinen Rücken aufdrehen,
als wären Muskelfasern Spaghetti.
Selbst wenn eine Tagesschlacht verloren geht,
weil ich nichts mehr habe.

Das Spiegelbild meiner selbst im Löffelkrater:
Zerstochen und voller Schnittnarben, aber ich
stehe noch, mit meinen Löffeln als Schild.
Mit Löffeln wurde noch kein Krieg gewonnen.
Und doch halte ich an ihnen fest, als wären sie
das Leben.

Ich glaube

Und ich glaub noch daran,
dass du da draußen bist,
und mental stabil genug,
um mich zu stützen,
wenn es notwendig ist.
Oder ist das nur Selbstbetrug?

Vielleicht sahst du mich schon
und dachtest bei dir:
„Ohne Rolli wär´ sie wohl ganz schön.“
Zumindest ist das die Angst
ganz tief drinnen in mir,
oder kannst du mich trotzdem seh´n?

Blumenmeer

Ein Blumenmeer von Farben im
Sommersonnenschein,
beglückt des Betrachters Herz.
Dein Alltag er wird einerlei. Vergessen ist der
Schmerz.
Es ist als schaust ein Wunder du, einen winzigen
Augenblick.
Dann holt die Realität dich ein und du bist
zurück.
Neben all den schönen Blüten, hetzen
Menschen, schreien Kinder, ernst ist ihr Gesicht,
und die bunte Blumeninsel sehen sie leider
nicht.
Jeden Tag ging ich vorbei auf meinem Weg
durch das Leben,
und hab mich immer wieder dem Frieden
hingegeben.
Hab betrachtet, hab gestaunt, ob all der bunten
Farben,
und der Menschen, die für die Schönheit nichts
übrig haben.
Hab vergessen, welch ein tolles Wunder ich
besah,
denn das Meer aus bunten Blumen war ja immer
da.

Jeden Tag ging ich vorbei, bei Regen und im
Klaren.
Doch als ich neulich dorthin kam, wo die bunten
Blumen waren,
da strahlte keine Blüte mehr. Waren alle sie
gestorben.
Es war, und ich hat´s nicht gemerkt, mal wieder
Herbst geworden.

So gehen alle Dinge, die gut sind, doch zu Ende.
Sie wären ja nicht wundervoll, wenn man
überall sie fände.
Was einzigartig war, das kommt nicht mehr,
so wie das bunte Blumenmeer.
Ich denke oft, was wäre wenn. Hätt ich sie mehr
gegossen,
die Blüten dieses Blumenmeers hätten trotzdem
sich geschlossen.
Keine Blume blühe ewig. Jede Schönheit wird
vergehen
Und jetzt kann ich nur noch in meinem Kopf das
Strahlen sehen.
Die Knospe tief unter der Erde treibt im
Frühling wieder aus,
dann ist ihr Grab nicht graue Erde, sondern
wieder Augenschmaus.

Du kriegst mein Lachen nicht

Du kriegst mein Lachen nicht, und nicht meinen
Lebensmut,
denn solang´ die Sonne morgens aufgeht, geht es
mir noch gut!
Ich gab so vieles auf für dich,
doch mein Lachen kriegst du nicht
und ich will strahlen bis zum letzten Atemzug.

Wie viel Zeit mir noch bleibt, wohin die Wege
mich führ´n,
immer werd´ ich deinen Atem in meinem
Nacken spür´n.
Ich hielt so vieles aus für dich,
doch mein Lächeln kriegst du nicht,
denn ich brauch´ es, um mich nicht zu verlier´n.

Auch wenn ich morgens aufwach´ und alles tut
mir weh,
und ich dann im Spiegel einem Monster
gegenübersteh´.
Ich schaue aus wie Dreck für dich,

doch mein Lächeln kriegst du nicht,
weil ich immer noch mich selbst im Spiegel
seh´.

Du nimmst all meine Energie und raubst mir
meine Kraft,
und schon so manches Mal, dacht´ ich, ich hätt´
es fast geschafft.
Ich gehe in den Tod für dich,
doch mein Lächeln kriegst du nicht
weil mein Leben mir zu viel Freude macht.

Du kriegst mein Lachen nicht, denn ich brauch´
es für mich selbst,
weil es an trüben Tagen mich über Wasser hält.
Ich geb´ so vieles auf für dich,
doch mein Lachen kriegst du nicht,
nicht für Gesundheit, Macht und Geld.

Gehirnwäsche

Gehirnwäsche.
Ihr habt mir solang erzählt, dass ich simuliere,
dass ich mich jetzt selbst sabotiere, wenn ich vor
Schmerz in eine Ecke stiere, euren Ableismus
reproduziere, weiter durch den Tag marschiere,
Alltag und Krankheit jongliere, Termine und
Therapien organisiere, wie eine Maschine
agiere, meine Bedürfnisse eliminiere, aus Angst.
Aus Angst eine Belastung zu sein und ein Klotz
am Bein, stecke ich lieber ein, fresse all das in
mich rein, denn „so schlimm kann es ja nicht
sein", und nur weil ich abends in mein Kissen
wein´, heißt das nicht, es würde real sein, und
rutsche in alte Muster rein:

Denn ich tu ja nur so und es ist ja nichts.
Und anderen geht es viel schlimmer als mir.
Und ich stelle mich ja bloß ein bisschen an.

Ich versuche gnädig mit mir selbst zu sein,
weil der Schmerz real und genug ist
doch beim Herzen kommt´s nicht an.

Wir sind alle von der Gesellschaft geprägt,
die ausschließlich Stärke honoriert,

und kein einzelner Mensch hat Schuld daran.

Wir alle sind vom System geprägt, das
Ableismus in sich trägt, es jedem in die Wiege
legt, auf Stärke hin uns hegt und pflegt, die
Empathie absägt, von jedem, der in ihr lebt,
durch alle uns´re Köpfe fegt und dessen Mühlrad
niemals steht.
Gehirnwäsche.

Links. Rechts.

Du läufst da so.
Setzt einen Fuß vor den anderen.
Links. Rechts. Links. Rechts.
Als wäre das gar kein Problem.
Nun ja, um ehrlich zu sein: Es ist kein Problem –
für dich.
Du läufst da so.
Links. Rechts. Links. Rechts.
Und ich stehe da und überlege, ob ich die
Anstrengung eines Schrittes auf mich nehme, dir
nachlaufe, um dann nichts sagen zu können, weil
diese Schritte Kraft kosten. Viel Kraft.
Links. Rechts. Links. Rechts.
Bist du es wert, dass ich dir nachlaufe?
Die Anstrengung? Die Energie, die ich
eigentlich zum Leben bräuchte?
Bist du es wert, dass ich sie für dich
verschwende?
Du läufst einfach weiter.
Links. Rechts. Links. Rechts.
Du entfernst dich von mir.
Bist du die Energie wert, die ich für existentielle
Dinge bräuchte?
Bist du existentiell? Bist du ein Ding? Eine
Sache?

Du läufst.
Links. Rechts. Links. Rechts.
Du läufst zu schnell für mich.
Deine Geschwindigkeit desillusioniert mich.
Ich kann dir nicht folgen
Du hast mich überrundet.
Links. Rechts. Links. Rechts.
Du verschwindest am Horizont.
Ich gebe den Gedanken dir zu folgen auf.
Unmöglich.
Ich sehe dich nicht mehr, kann dich in der
untergehenden Sonne nicht mehr erkennen.
Du warst zu schnell.
Ich wende mich ab, höre noch einmal den Klang
deiner Schritte:
Links. Rechts. Links. Rechts.
Und ich frage mich, was du so siehst – Links.
während du so rennst – Rechts.
Ich gehe langsam.
Links.
Rechts.
Du siehst Felder, Wälder, Wiesen, Städte,
Wege…
aber ich sehe das Gänseblümchen am Rand des
Schotterweges.
Ich bücke mich und pflücke mich den
Löwenzahn.
Dann puste ich und mein Herz geht auf.
Ich gehe lächelnd durch den Tag.

Du nicht.
Du bist vorbeigelaufen.
Hast die Pusteblume nicht gesehen.
Mein Lächeln auch nicht, aber ich lächle
trotzdem
Obwohl du grade weggelaufen bist.
Nicht auf mich gewartet hast.
Du willst die große, weite Welt sehen.
Deshalb kannst du nicht stehen bleiben.
Du willst alles sehen, was sie dir bieten kann.
Aber du verpasst so viel!
Ich sehe die kleinen Details,
die schönen Momente.
Ich kann stehen bleiben und genießen.
Links.
Rechts.
Meine Freundin sagt, wir hätten eh nicht
zusammengepasst.
Es sei gut, dass ich dich so schnell losgeworden
sei.
Aber eigentlich bin ich nur stehengeblieben und
habe es genossen.
Ach, wir hätten eh nicht zusammengepasst.

Die kleine Kerze

Dunkel ist es um mich.
Sieh her, es kommt die Nacht.
Wie ein Schleier über diese Welt
Und ich, ich halt′ die Wacht.
Ich fürchte Dunkelheit und Wölfe,
trotzdem steh ich hier.
Eingefüllt in Daunen, nur die kleine Kerze
leuchtet mir.
Der Schein der kleinen Kerze,
Begleitet mich bis zum Morgen,
Im Schein der kleinen Flamme,
fühl ich mich so geborgen.
Sie ist die Gewissheit, dass Morgen früh,
die Sonne wieder steht
und die Welt, was auch geschehe,
sich am Morgen weiter dreht.
Dunkel ist es um mich,
sieh her, es ist tiefe Nacht,
Ich zittere und hadere,
doch ich halte Wacht.
Ich fürchte nichts als Finsternis,
das böse Ungeheuer,
bin dankbar um die Hoffnung,
in der kleinen Kerze Feuer.
So sitz ich jede Nacht da draußen,

mit meinem Kerzelein.
Und irgendwann im Morgengrauen,
schlafe ich dann ein.
Doch neulich saß ich wieder dort,
mit Daunen und mit Kerze.
Da kam das finstre Ungeheuer und
Löschte wie zum Scherze
Die Flamme, den Docht,
Mein Licht.
Und plötzlich auch mit weggeblasen,
war meine Zuversicht.
Dunkel ist es um mich.
Sieh her, es kommt die Nacht!
Wie ein Schleier über mich,
und ich, ich habe Acht.
Die Dunkelheit, die Wölfe,
ich kann sie nicht mehr sehen.
Spüre nur noch leise lachend,
den Wind durch´s Dunkel wehen.

Der IST-Zustand

Und dann schaust du mich an.
und du willst, dass ich dir dankbar bin,
weil du über deinen Schatten gesprungen bist.
weil es ja eben nicht selbstverständlich ist
weil wir ja hilflos und zu bemitleiden sind
und ihr Menschen normal nicht so hilfsbereit
seid
und Engel wie du die absolute Ausnahme sind.

Aber ich schau dich an,
weil ich wütend bin,
dass du in mein Leben gekommen bist,
weil es eben ziemlich scheiße ist,
wenn Menschen ableistisch sind,
weil ihr Menschen zum Lernen nicht bereit seid,
euch vorzustellen, dass nicht alle Rollifahrenden
zu bemitleiden sind.

Dabei ist es dir egal, dass ich fast einen
Herzinfarkt bekam, als du mich anfasstest –
ohne Vorwarnung versteht sich, weil allein
meine Existenz im Rollstuhl doch ein
Hilfeschrei ist, den du nicht überhören darfst.
Weil du der rettende Engel bist, der mich vor
dem Alltag bewahrt und meine vermeintliche

Selbstständigkeit ein nativer Glaube ist, in dem
du mich lassen willst.
Wer bin ich auch, alleine mit dem Zug zu reisen
– ohne Begleitung?

Ich bin behindert und du bist nicht gleichgültig
an mir vorbeigelaufen: Herzlichen
Glückwunsch! Aber weißt du was? Das ist
nichts Besonderes. Alles was ich mir wünschen
würde, wäre, dass du gleichgültig an mir
vorbeiliefest.
Ich fühle mich groß und selbstständig in meinem
Carbonthron und mit meinen
Schwimmerschultern. Doch ich bin nicht auf
deiner Augenhöhe und das lässt du mich spüren.
Denn sonst würdest du mich respektieren. Sonst
würdest du mich fragen, ob ich Hilfe benötige
und meine Antwort darauf akzeptieren. Aber ich
bin zu tief gelegt, um dieses Minimum an
Respekt von dir erwarten zu können.

Königin

Mein Thron ist nicht aus Edelstein,
und ist nicht stationär.
Ist wertvoll ohne Diamant
und kaum 5 Kilo schwer.

Mein Ohrschmuck glänzt und glitzert nicht
mit Gold und viel Karat,
er schmiegt sich an recht unscheinbar,
und warnt, wenn Lautes naht.

Die Krone ist nicht prunkbesetzt
und wiegt nicht tonnenschwer,
ist rot und pink und kräuselt sich
im Wind vom rauen Meer.

Mein Königreich es wird nicht laut,
voll Jubel, voll Geschrei.
Es ist ein leiser Fingertanz,
die Welt, sie fliegt vorbei.

So bin ich eine Königin,
und niemand hat´s erkannt.
Bin doch ich nicht mit jemandem
von blauem Blut verwandt.